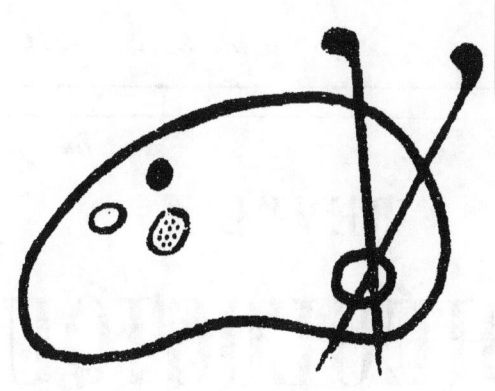

Début d'une série de documents en couleur

REVUE
ARCHÉOLOGIQUE

OU RECUEIL

DE DOCUMENTS ET DE MÉMOIRES

RELATIFS

A L'ÉTUDE DES MONUMENTS, A LA NUMISMATIQUE ET A LA PHILOLOGIE

DE L'ANTIQUITÉ ET DU MOYEN AGE

Publiés par les principaux Archéologues

FRANÇAIS ET ÉTRANGERS

et accompagnés

DE PLANCHES GRAVÉES D'APRÈS LES MONUMENTS ORIGINAUX

Tirage à part

INVENTAIRE DES CAMÉES ANTIQUES
DE LA
COLLECTION DU PAPE PAUL II
(1457-1471)
PAR M. EUG. MUNTZ.

PARIS
AUX BUREAUX DE LA *REVUE ARCHÉOLOGIQUE*
LIBRAIRIE ACADÉMIQUE — DIDIER et Cⁱᵉ
QUAI DES AUGUSTINS, 35
Droits de traduction et reproduction réservés.

Mémoires archéologiques.

Notes sur les Mosaïques chrétiennes de l'Italie, par Eug. Muntz. 5 fascicules...... 10 fr. »
L'Age du bronze et les Gallo-Romains à Saint-Nazaire-sur-Loire, par René Kerviler. In-8, avec 3 planches et vignettes.. 3 fr. »
Horus et saint Georges, Notes d'archéologie orientale et de mythologie sémitique, par Clermont-Ganneau. In-8 avec planche... 3 fr. »
Étude sur une nouvelle statue de Vénus marine, de travail grec en marbre de Paros, M. Jules Chevrier. In-8, avec 2 planches.. 3 fr. »
Deux questions de chronologie et d'histoire éclaircies par les Annales d'Assurbanipal, par F. Robiou. In-8.. 1 fr. 50
Reconnaissance archéologique d'une partie du cours de l'Erigon et des Ruines de Stobie, par L. Heuzey. Gr. in-8, avec fig. et carte............................. 3 fr. «
Recherches sur les lits antiques, par L. Heuzey. Gr. in-8, avec 10 vignettes........ 3 fr. »
Remarques géographiques à propos de la carrière d'un légat de Pannonie inférieure, par Ern. Desjardins. Gr. in-8, avec 2 planches............................ 3 fr. »
Mélanges archéologiques, par A. Dumont. 2 fascicules, avec 2 planches et vignettes..... 5 fr. »
La Cathédrale de Strasbourg. Remarques archéologiques, par Alb. Dumont............. 1 fr. 50
Restitution de la basilique de Saint-Martin de Tours, d'après Grégoire de Tours et les autres textes anciens, par J. Quicherat. Gr. in-8, avec 4 planches.................. 5 fr. »
Fragments d'une description de l'île de Crète, par Thenon. Gr. in-8................ 3 fr. »
Une stèle du temple de Jérusalem par M. Ch. Clermont-Ganneau, In-8, avec planche. 4 fr. »
La Stèle de Dhiban ou Stèle de Mesa, roi de Moab, 896 avant J.-C. Lettres à M. le comte de Vogüé, par Ch. Clermont-Ganneau. In-4, avec 2 planches........................... 5 fr. »
La Chronologie biblique fixée par les éclipses des inscr. cunéiformes, par J. Oppert. Gr. in-8. 2 fr. »
La Pierre de Bethphagé, par Clermont-Ganneau. In-8, avec vignettes et plans......... 2 fr. 50
Gargantua. Essai de mythologie celtique, par H. Gaidoz. Grand in-8................. 1 fr. 50
Nouvelles tessères de Gladiateurs, par E. Hubner, tr. de l'allemand par H. Gaidoz. In-8. 1 fr. 50
Nouvel essai sur les inscriptions gauloises, par Adolphe Pictet. Grand in-8........ 2 fr. 50
La Médecine dans Homère, par le docteur Ch. Daremberg. Gr. in-8 avec planches..... 5 fr. »
État de la médecine entre Homère et Hippocrate, par le Même. Gr. in-8............. 5 fr. »
Le Renne de Thaïngen, par Alex. Bertrand. Grand in-8 avec planche................. 1 fr. 50
Étude sur l'Ora Maritima de Rufus Avienus, par F. de Saulcy. Gr. in-8, carte...... 2 fr. 50
Mémoire sur les provinces romaines jusqu'au v⁰ siècle, par Théod. Mommsen, avec un appendice par Ch. Müllendoff, trad. par Ém. Picot. Grand in-8 avec carte................ 3 fr. »
Mémoire sur le calendrier des Lagides à l'occasion de la découverte du décret de Canope, par A.-J.-H. Vincent, de l'Institut. Gr. in-8....................................... 2 fr. »
Carte de la Gaule de Peutinger, avec de nouv. observations par Alf. Maury. Gr. in-8, carte. 3 fr. 50
Essai sur la stèle du Songe, par G. Maspero. Gr. in-8, avec planche............... 4 fr. »
Sur la stèle de l'intronisation, par le Même. Gr. in-8............................ 1 fr. 50
Le Péplos d'Athéné Parthénos. Les tapisseries dans l'antiquité, par L. de Ronchaud. Gr. in-8 3 fr. »
Études sur l'origine et la formation de l'alphabet grec, par F. Lenormant. av. 2 pl. 5 fr. »
Recension du texte de l'Oraison funèbre d'Hypéride, etc., par H. Caffiaux. Gr. in-8. 5 fr. »
Les Martyrs chrétiens et les supplices destructeurs du corps, par Edm. Le Blant. 1 fr. »
Observations sur le texte de Joinville, etc., par Ch. Corrard. Grand in-8......... 3 fr. 50
Le Passage d'Annibal du Rhône aux Alpes, par C.-A. Ducis. In-8, 110 p. ...... 2 fr. 50
Épigraphie de l'antique Vésone, par l'abbé Audierne. In-8......................... 2 fr. 50
Spicilegium de quelques monuments écrits ou épigraphes des Étrusques. Musées de Londres, de Berlin, de Manheim, de la Haye, de Paris, de Pérouse, par G. Conestabile. In-8 avec pl. 6 fr. »
Les Tapisseries d'Arras, Étude artistique et historique, par l'abbé Van Drival. 1 vol. gr. in-8. 5 fr. »
Inscriptions inédites des Sporades (île de Kos), par O. Rayet. In-8................ 4 fr. »
Les Cadrans solaires dans l'antiquité par G. Rayet. In-8, avec planche............. 2 fr. 50
Trois vases peints de la Grèce propre à ornements dorés, par Max. Collignon. Gr. in-8, avec 2 planches et 1 chromo.. 3 fr. »

L'administration et les bureaux d'abonnement de la REVUE ARCHÉOLOGIQUE sont à la Librairie Académique Didier et C⁰, quai des Augustins, 35.

MODE ET CONDITIONS DE L'ABONNEMENT

La Revue archéologique (nouvelle série) paraît chaque mois, à partir de janvier, par cahiers de 64 à 80 pages grand in-8⁰, qui forment à la fin de l'année deux volumes ornés de 24 planches gravées sur acier et de gravures sur bois intercalées dans le texte. Indépendamment de la table alphabétique des matières du semestre, une table alphabétique, destinée à faciliter les recherches, terminera chaque année.

PRIX:

| Pour Paris | Un an........... 25 fr. | Pour les départements, un an..... 27 fr. |
| | Six mois........... 14 fr. | Pour l'étranger, un an........... 28 fr. |

ON S'ABONNE ÉGALEMENT CHEZ TOUS LES LIBRAIRES DES DÉPARTEMENTS ET DE L'ÉTRANGER

Le Gérant, D. Glorian.

Paris. — Imp. de Pillet et Dumoulin, rue des Grands-Augustins, 5.

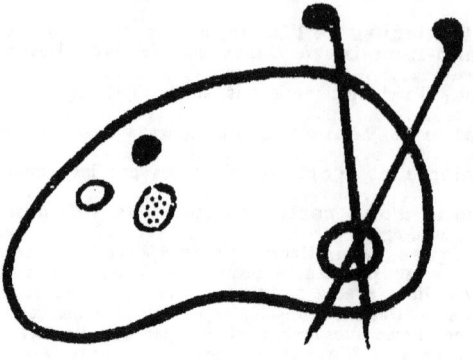

Fin d'une série de documents en couleur

INVENTAIRE
DES CAMÉES ANTIQUES

DE LA

COLLECTION DU PAPE PAUL II

1457-1471

SUIVI DE QUELQUES AUTRES DOCUMENTS DE MÊME NATURE

Par M. Eug. MUNTZ.

Extrait de la REVUE ARCHÉOLOGIQUE

SEPTEMBRE ET OCTOBRE 1878

PARIS

AUX BUREAUX DE LA *REVUE ARCHÉOLOGIQUE*
LIBRAIRIE ACADÉMIQUE — DIDIER et Cⁱᵉ
QUAI DES AUGUSTINS, 35

1878

INVENTAIRE

DES CAMÉES ANTIQUES

DE

LA COLLECTION DU PAPE PAUL II

1457-1471

Suivi de quelques autres Documents de même nature (1).

La collection de camées réunie par le cardinal Barbo compte à coup sûr parmi les suites les plus riches qui aient jamais été formées; en 1457 déjà elle comprenait environ 240 pièces (2).

Fidèle à ses habitudes de luxe, le futur pape avait rangé ses camées dans des cadres en argent doré, ornés de ses armes et d'inscriptions métriques, dans lesquelles le nom de saint Pierre figurait, par une singulière association d'idées, à côté de celui de Bacchus. Il possédait en tout 67 de ces cadres : 23 d'entre eux renfermaient chacun un seul camée, 40 chacun 5 camées, 1 enfin 4 camées; soit au total 227 numéros différents; on remarque en outre 3 cadres renfermant chacun 5 bas-reliefs, qualifiés de sculptures. Plusieurs de ces derniers morceaux étaient formés de pierres de couleur (jaspe, jacinthe, grenat, etc.); d'autres, d'après les descriptions de l'inventaire, ne semblaient pas différer des camées proprement dits.

L'estimation de la collection tout entière montait à 4600 ducats, somme fort considérable pour l'époque.

---

(1) Voir la *Revue archéologique* du mois d'août 1878.
(2) Le cabinet de France possède environ 260 camées (voir le catalogue de M. Chabouillet), celui de Vienne, environ 200 (Sacken et Kenner, *Die Sammlungen des K. K. Munz und Antiken Cabinetes*. Vienne, 1866, pp. 425 et ss.)

Il ne serait pas impossible que les explorations entreprises à ce moment dans les catacombes, si longtemps délaissées et oubliées, eussent favorisé les projets du cardinal Barbo : nous savons en effet que jusqu'au siècle dernier les cimetières souterrains de Rome ont fourni une quantité vraiment prodigieuse de camées (1).

Après la mort de Paul II, une partie des trésors d'art qu'il avait réunis avec tant de patience et d'ardeur passa dans des mains dignes de les recueillir : celles de Laurent de Médicis. L'illustre patricien florentin acquit entre autres la fameuse calcédoine qui avait successivement figuré dans les collections de Niccolo Niccoli, du cardinal Scarampi et de Paul II (2). Il prenait ainsi une revanche éclatante sur ce pontife qui avait été si longtemps son rival, de même que celui de son père, et de son grand-père, le grand Cosme (3).

En même temps qu'il recherchait les chefs-d'œuvre de la glyptique antique, Paul II s'occupait de favoriser les travaux des graveurs en pierres dures contemporains.

On peut le considérer comme le véritable restaurateur d'un art si longtemps négligé en Italie. Ses mérites ont été proclamés par Vasari déjà (4). C'est bien à tort que Lastri a voulu faire honneur de cette initiative à Laurent le Magnifique (5). Celui-ci n'a pas pu fon-

---

(1) De Rossi, *Roma sotterranea*, t. III, pp. 580-582.

(2) « Del mese di settembre 1471, fui eletto ambasciatore a Roma per l'incoronazione di papa Sisto, dove fui molto onorato, e di quindi portai le due teste di marmo antiche dell' immagine di Augusto e di Agrippa, le quali mi donò detto papa, e piu portai la scudella nostra di calcedonio intagliata con molti altri cammei e medaglie, che si comperarono allora, fra le altre il calcedonio » (*Ricordi* de Laurent le Magnifique, dans la *Laurentii Med. vita*, de Fabroni, t. II, pp. 57-58). Cf. Vespasiano, *Vite*, éd. Bartoli, pp. 476-477.

(3) Une lettre encore inédite, de Charles de Médicis, nous montre que cette rivalité entre sa maison et le cardinal Barbo remontait au règne de Nicolas V :

« Delle medaglie faro ogni diligentia, ma come per altra vi dissi, egli cene una carestia maravigliosa, per rispecto di questo monsig^{re} di s° Marco. Piero scripse qua gia e piu di 4 mesi a questi del bancho et a me se glene trovesse insino a 100, et anchora non credo n'ebbi avute 50 ; vero e che lui le voleva tucte d'argento. Io n'o forse 30 di rame, et anche non sono una perfecta cosa. Come le potro acompagnare con altretante buone vele mandero se io non vele portero questo Magio. Non altro per questo. A voi mi rachomando, che Christo vi guardi. Carolus. Romæ, 13 Martii 1455. » (Archives d'Etat de Florence. Carteggio Mediceo, filza IX, p. 133). Voir aussi, dans le *Carteggio* de Gaye (I, 163), une lettre, non datée, du même personnage.

(4) Ed. Lemonnier, IX, 236.

(5) « Questa scuola fu istituita circa l'anno 1458 da Lorenzo de Medici, protetta collo stesso impegno da Pietro, di lui figliuolo, e seguitata in Roma dal pontefice Leone X. » (*L'Osservatore fiorentino*, 3e éd. Florence, 1821, t. V, p. 81).

der en 1458 l'école de gravure en pierres dures dont parle Lastri, car il ne comptait à cette époque que dix ans.

Gardons-nous bien cependant de tomber dans l'excès opposé et de croire que Paul II n'a eu qu'à frapper le sol du pied pour en faire sortir une légion de graveurs. Dès 1461, c'est-à-dire plusieurs années avant que le cardinal Barbo fût monté sur le trône, florissait à Foligno un graveur assez célèbre pour qu'un chroniqueur du temps lui fît l'honneur de lui consacrer une mention spéciale : Antoine de Pise (1).

Il nous a paru utile de rapporter, à la suite de l'inventaire des camées antiques de la collection Barbo, un certain nombre de documents inédits qui sont de nature à compléter l'histoire de la renaissance de la glyptique occidentale. Ce sont des pièces comptables relatives aux achats ou commandes de camées et d'intailles faits par Paul II à un maître dont le nom était jusqu'ici absolument inconnu, Juliano de Scipio, de Rome; quant à Gaspare de Tozoli, qui est également nommé dans ces documents, il est difficile de savoir s'il était artiste ou simplement marchand.

Nous terminons cette étude par la publication de deux pièces, également inédites, qu'il ne sera pas sans intérêt de rapprocher de l'inventaire Barbo. L'un est l'inventaire des camées de Boniface VIII (1295) d'après le manuscrit conservé à la Bibliothèque nationale (fonds latin, n° 5180). L'autre est un extrait de l'inventaire de Piero di Cosimo (le père de Laurent le Magnifique). Ce second document (1456) est antérieur d'une année à l'inventaire du cardinal Barbo (1457), et de huit années environ à un autre inventaire de Piero di Cosimo dont quelques fragments ont été publiés par Fabroni, dans sa *Magni Cosmi Medicei Vita*.

I

Hic inferius describuntur omnes cameyni, seu camei, videlicet sculpture antique cujuscumque generis et condicionis, eciam in argento sive in auro ligate, similiter eciam describuntur omnes alii lapides concavi, seu celati cujuscumque sculpture, seu celature.

---

(1) « Anno 1461 Antonius Pisanus gemmarum pretiosorumque lapidum sculptor claret. » (Palmieri, dans les *R. I. S.* de Tartini, t. I, p. 341). — Ne serait-ce pas là cet Antonio da Pisa que Filarete cite à côté d'Isaïe de Pise (Gaye, *Carteggio*, I, 204) et qui travaillait en 1458 à l'arc de triomphe de Naples (C. Minieri Riccio, *Gli artisti ed artefici che lavorarono in Castel Nuovo*. Naples, 1876, p. 6) ?

Et primo una tabula argentea deaurata per totum, in qua sunt quinque camey pulcherrimi quantum dici potest. In medio est caput unius imperatoris et secundum judicium peritorum est caput C. Galicule, quod nomen sculptum est in numismatibus ejus hoc modo : *C. Caesar*. A latere dextro desuper est cameus cum tribus pueris allatis qui laborant in arte cerdonis, et sunt nudi. A parte pur (1) dextra in inferiori parte est triumphus, videlicet sunt duo equi cum curru, et juvenis allatus super curru, et desuper sunt littere parvissime grece. A parte vero sinistra desuper sunt tres figure : primo est unus senex tenens nescio quid in manu ; in medio est puerulus stans super lapidem ; tertius est juvenis medie etatis sub arbore. Pur (?) in parte sinistra inferius est triumphus, videlicet currus super quem sedent due mulieres. Una sedet super aliam, trahunt currum duo leones pardi, et unus puerus (*sic*) allatus est prope ipsos leones. In ipsa tabula sunt arma ipsius Rev. Domini Cardinalis. A parte posteriori sunt tres versus, primus versus incipit *Petrus*, etc. 2us incipit *Bachus*, etc. 3us incipit *Horum*, etc. Ipsa tabula argentea deaurata, una cum ipsis quinque cameis, ponderat lib. 1, unc 4. Ipsa tabula cum suis quinque cameis est valoris 400 ducatorum (2).

Item una alia tabula argentea deaurata cum quinque cameis. In medio est cameus dupplicatus, due figure in uno latere, et due in alio. In anteriori vero parte est vir nudus pedibus et brachiis, pano (*sic*) coperiens femoralia et sedens, et mulier prope eum stans et tenens manu super sinistram spatulam, uni (?) cum armis ipsius D. Cardinalis, et in parte posteriori cum versibus ut supra.

In alio vero latere posteriori sunt due alie figure, videlicet vir nudus tenens lauream in manu dextra et in sinistra fulmen, prope eum est mulier induta cum scuto ad pedes, tenens eum (?) manu sinistra, et cum manu dextra coronat virum. A parte vero dextra anteriori est caput juvenis, et secundum judicium peritorum est caput Drusi. Inferius vero in parte dextra est caput Imperatoris videlicet,.... (en blanc). In sinistra vero parte desuper est caput mulieris videlicet.... (en blanc), et inferius, pur in parte sinistra, est caput alterius mulieris cum pelle leonis in capite, et est amasia Herculis. Ipsa tabula una cum cameis ponderat lb. 1, unc. 2 1/2. Ipsa tabula cum cameis est valoris 250 ducatorum.

Item una alia tabula argentea deaurata in qua est solus unus cameus, videlicet triumphus. Duo equi cum curru super quem est juvenis, et est cameus valde pulcher et valde relevatus et magnus. In parte anteriori sunt arma ipsius domini cardinalis dupplicata. In parte vero posteriori

---

(1) C'est sans doute le mot italien « pur », « pure », pris dans le sens de également.

(2) L'estimation primitive (500 ducats) a été réduite à 400 par une main différente de celle du rédacteur de l'inventaire primitif, peut-être par la main du cardinal Barbo lui-même.

sunt versus ut supra. Ipsa tabula cum cameo ponderat lb. 1, unc. 2 1|2. Ipsa tabula cum cameo est valoris 100 ducatorum.

Item una alia tabula argentea deaurata cum quinque cameis. In medio est caput Imperatoris, videlicet C. Galicule, majus alio superiori. In parte dextra superius est Hercules nudus ligans Cerberum. In eadem parte subtus sunt due mulieres, una sedet tenens nescio quid in manu sinistra, alia stat ante eam habens racemum uve in manu. In parte vero sinistra desuper est mulier corizans, habens facem in manu. In eadem parte sinistra inferius sunt tres figure : mulier magna in medio, duo pueri in lateribus ; ille vero qui stat in parte sinistra stat super altare lapideum parvum habens hyrcum supra collum. Habet ipsa tabula in parte anteriori arma ipsius D. Card^{lis} et in parte posteriori versus ut supra, et ponderat ipsa tabula cum cameis lb. 1, unc. 1 3/4. Ipsa tabula cum cameis est valoris 150 ducatorum.

Item una alia tabula argentea deaurata, in qua sunt quinque camey. In medio est mulier seminuda sedens super lapidem, habens puerum supra genua, et pectinans eum. In parte vero dextra desuper est caput juvenis. Inferius vero est caput alterius juvenis, cum ligatura in capite. In parte vero sinistra desuper est caput valde antiqui viri barbati. Inferius vero est caput juvenis galleati et armati et sunt arma ejusdem D. Card^{lis} in parte anteriori. In parte vero posteriori sunt versus ut supra. Ipsa tabula cum cameis ponderat lb. 0, unc. 11. Ipsa tabula cum cameis est valoris 130 ducatorum.

Item una alia tabula argentea deaurata cum quinque cameis. In medio est caput juvenis valde pulcrum. In latere vero dextro desuper est juvenis nudus allatus, cum palma in manu, volvens se. Inferius vero est mulier vestita corisans et pulsans in cymbalo. In parte vero sinistra desuper est mulier nuda genu flectens cum uno pede supra altare lapideum, respiciens celum et habens deum Marthem in manibus. Inferius vero est sathirus senex tenens juvenculam semi nudam, que eundem sathirum respicit (? respuit ?), et sunt arma ejusdem D. Card^{lis} in parte anteriori, et in parte posteriori versus ut supra. Ipsa tabula cum cameis ponderat lb. 0, unc. 10. — Ipsa tabula cum cameis est valoris 160 ducatorum.

Item una alia tabula argentea deaurata cum unico cameo in medio, et est mulier sedens super monstrum seminuda, elevans pannum vento. Monstrum vero est semiequus habens caudam piscis. In parte anteriori sunt arma ipsius domini cardinalis dupplicata, et in parte posteriori sunt versus ut supra. Ipsa tabula cum cameo ponderat lb. 0, unc. 11 1|2. Ipsa tabula cum cameo est valoris 50 ducatorum.

Item una alia tabula argentea deaurata in qua est unus cameus magnus, et est caput mulieris cum laurea et crinibus coloris crocei obscuri et sunt arma dupplicata ipsius D. Card^{lis} in parte anteriori et in parte posteriori versus ut supra. Ipsa tabula cum cameo suo ponderat lb. 1, unc. 2. Ipsa tabula cum cameo est valoris 50 ducatorum.

Item una alia tabula argentea deaurata, in qua est unus cameus magnus, videlicet triumphus. Duo equi cum curru et juvenis super curru. In parte anteriori sunt arma dupplicata ipsius D. Card^{lis} et in parte posteriori sunt versus ut supra. Ipsa tabula cum cameo ponderat lb. 1, unc. 4. Ipsa tabula cum cameo est valoris 80 ducatorum.

Item una alia tabula argentea deaurata cum quinque cameis. In medio est caput juvenis valde pulcrum, cum panno ad collum et cum bottono (?) ad formam rose. In latere dextro desuper est mulier vestita, puer nudus quasi baptizans eum cum candelabro antiquo. Inferius vero est senex indutus, habens in manu dextra vas et in manu sinistra tenens nescio quid. In sinistra vero parte desuper est mulier nuda sedens super pannos. Inferius vero est alia mulier vestita, in dextra tenens facem, in sinistra vero spicas grani. In anteriori parte sunt arma ipsius D. Card^{lis}, in posteriori sunt versus ut supra. Ipsa tabula cum cameis ponderat lb. 1, unc. 3/4. Ipsa tabula cum cameis est valoris 100 ducatorum.

Item una alia tabula argentea deaurata, in qua est unicus cameus magnus. Sunt due mulieres erecte, una est induta de veste crocea totaliter, etiam in capite; alia habet vestem inferiorem croceam, superiorem vero nigram, etiam in capite, et duo venatores, unus sedens super lapidem cum cane super genua sua, habens galerum in capite; alius stat erigens unum pedem cum baculo in manu prope arborem, et sunt arma dupplicata in parte anteriori et in parte posteriori versus ut supra. Ipsa tabula cum cameo ponderat lb. 0, unc. 10. Ipsa tabula cum cameo est valoris 90 ducatorum.

Item una alia tabula argentea deaurata cum quinque cameis. In medio est caput pulcrum laureatum laurea nigri coloris. Secundum judicium peritorum est caput Scipionis qui delevit Cartaginem. In latere dextro desuper est mulier vestita corizans ac celum respiciens. Inferius est puer nudus allatus habens compedes in pedibus, firmans se cum brachiis et capite super facem. In sinistra vero parte desuper est senex seminudus sedens. Inferius vero est puer equitans delphinum [et] pulsans cytharam. In anteriori parte sunt arma ipsius Reve$^{m'}$ Domini Card^{lis}, et in posteriori parte versus ut supra. Ipsa tabula cum cameis ponderat lb. 1. Ipsa tabula cum cameis est valoris ducatorum 75.

Item una alia tabula argentea deaurata, in qua est unicus cameus magnus, mulier sedens, semi vestita, habens cornu in manu, et vir nudus stans ante eam, habens nescio quid in manibus, et columpna est inter ambos in cujus summitate est quoddam vas. In parte anteriori sunt arma dupplicata ipsius card^{lis} et in parte posteriori sunt versus ut supra. Ipsa tabula cum cameo ponderat lb. 1, unc. 1/4. Ipsa tabula cum cameo est valoris 55 ducatorum.

Item una alia tabula argentea deaurata, cum quinque cameis. In medio est caput, secundum peritos est caput Octaviani pueri. In parte dextra desuper est deus Mars nudus cum scuto in manu sinistra, et in manu dextra tenet nescio quid, porrigens illud una cum gallea cuidam puero nudo allato. Inferius vero est juvenis habens coronam in capite, vestitus, nudis tamen brachiis et pedibus, ostendit timorem propter ventum vementem, qui ventus videtur elevare pannos a parte posteriori. In parte vero sinistra desuper est juvenis sedens super lapidem, habens baculum in dextra manu, et in sinistra tenet cordam, qua alligatus est canis prope eum. Inferius vero est puer allatus nudus, habens gallum in manu dextra et tenens nescio quid ad collum. In parte anteriori sunt arma card^{lis}, in parte posteriori versus ut supra, ponderat lb. 0, unc. 11 1/2. Ipsa tabula cum cameis est valoris 80 ducatorum.

Item una alia tabula argentea deaurata in qua est unicus cameus magnus : mulier sedens super lapidem et puerulus nudus est prope eam, et vir nudus...... stans et tangens arborem q(uæ)in medio amborum est, et super quam est unus puer ascendens et alius puer qui jam ascendit. In parte anteriori sunt arma dupplicata ipsius domini card^{lis} et in parte posteriori sunt versus ut supra ; ipsa tabula cum cameo ponderat lb. 1, unc. 1. Ipsa tabula cum cameo est valoris 50 ducatorum.

Item una alia tabula argentea deaurata, in qua sunt quinque camei. In medio est caput parvum Domiciani imperatoris, in latere dextro desuper est mulier seminuda, sedens super hyrcum, habens racemum uve in manu ; inferius vero est puer allatus nudus, quasi genuflectens, et est prope allas ipsius quoddam caput parvissimum, in sinistra vero parte desuper est juvenis nudus sedens in terra, habens prope dorsum scutum album quod tenet cum manu sinistra, manu vero dextra tenet aliud scutum nigrum super pedes. Inferius vero est mulier nuda, capilis sparsis, habens deum Marthem in manibus. In parte anteriori sunt arma ipsius D. Card^{lis}, et in parte posteriori versus ut supra. Ipsa tabula cum cameis ponderat lb. unc. 6 1/2. Ipsa tabula cum cameis est valoris 110 ducatorum.

Item una alia tabula argentea deaurata, in qua est unicus cameus magnus : homo nudus stans ac tenens in manu sinistra baculum, prope quem in terra est scutum, et est Deus Mars. In parte anteriori sunt arma dupplicata ipsius Reve^{mi} Domini Card^{lis} et in parte posteriori sunt versus ut supra. Ipsa tabula cum cameis ponderat lb. 1, unc. 2. Ipsa tabula cum cameo est valoris 46 ducatorum.

Item una alia tabula argentea deaurata in qua sunt quinque camey, in medio cujus est caput magnum et pulcrum crocei coloris obscuri, secundum opinionem peritorum est caput Hadriani Imperatoris. In parte vero dextra desuper est mulier sedens seminuda, cum puero in sinu, et est senex eciam sedens nudus, et arbor inter eos quam mulier manu sinistra tangit, et vir manu dextra, inferius vero est juvenis et senex sub vitte volentes luctare et habentes sub pedibus racemos uvarum. In parte vero sinistra desuper est mulier seminuda, jacens in terra, prope quam est senex rubri coloris cum barba et capillis albis, et est puer sine capite. Inferius vero sunt duo juvenes nudi rubei coloris genu flectentes, unico genu pro quolibet, et unus extrahit alteri spinam de pede. In parte anteriori sun arma ipsius Rev. D. Card^lis et in parte posteriori sunt versus ut supra. Ipsa tabula una cum cameis ponderat lb. 1, unc. 1 1/2. Ipsa tabula cum cameis est valoris 70 ducatorum.

Item una alia tabula argentea deaurata in qua est unicus cameus magnus : mulier sedens super lapidem seminuda, habens vas revolutum ad pedes ejus, ex quo exit aqua, tenens in sinistra manu lucernam; prope eam est domus quedam parva super monticulum ex quo exit quedam arbor. Item alia mulier que ponit puerum parvulum nudum super leonem ad equitandum, habens in sinistra manu racemum uve, elevans illum. Item et tercia mulier que cum corda ducit ipsum leonem. In ipsa tabula in parte anteriori sunt arma dupplicata ipsius Rev. D. Card^lis et in parte posteriori sunt versus ut supra. Ipsa tabula cum cameo ponderat lb. 1, unc. 1. Ipsa tabula cum cameo est valoris 46 ducatorum.

Item una alia tabula argentea deaurata in qua sunt quinque camei. In medio est caput Imperatoris secundum oppinionem peritorum Tiberii. In parte vero dextra desuper est mulier vestita, brachiis nudatis, tenens manum dextram super spatulas puerule, que puerula habet in manu sinistra lauream (1), in manu dextra quoddam vas. Inferius vero est puer nudus allatus tenens in manu sinistra arcum, dextra vero tangit nasum proprium. In sinistra vero parte desuper sunt duo juvenes seminudi, unus sedet et alius ante eum pulsat duas fistulas seu syntos(?). Inferius vero est Hercules juvenis nudus et allatus, cum pelle leonis, tenens in dextra manu clavam. In parte anteriori sunt arma ipsius D. Card^lis et in parte posteriori sunt versus ut supra. Ipsa tabula cum cameis ponderat lb. 1, unc. 4 1/2. Ipsa tabula cum cameis est valoris 100 ducatorum.

Item una alia tabula argentea deaurata, in qua sunt quinque camei. In medio est juvenis armatus equitans equum et prosequens aprum cum lancea in manu, in dextra vero parte desuper est facies hominis turpissimi, seu caput. Inferius vero est caput juvenis cum gallea in capite. In sinistra vero parte desuper est eciam caput hominis turpissimi. Inferius vero est caput senis. In parte anteriori sunt arma ipsius Domini Card^lis, et in parte posteriori sunt versus ut supra. Ipsa tabula cum cameis ponderat lb. 0, unc. 10. Ipsa tabula cum cameis est valoris 60 ducatorum.

Item una alia tabula argentea deaurata, in qua est unicus cameus magnus : caput mulieris, secundum judicium peritorum caput Faustine Imperatricis. In parte anteriori sunt arma dupplicata ipsius Rev. D. Card^lis, et in parte posteriori sunt versus ut supra. Ipsa tabula cum cameo ponderat lb. 1, unc. 1, 3/4. Ipsa tabula cum cameo est valoris 40 ducatorum.

Item una alia tabula argentea deaurata, in qua est unicus cameus magnus : Vir nudus habens ad spatulas et super brachium totum sinistrum et pro modica parte super brachium dextrum vestes suas. In parte ante-

---

(1) On pourrait également lire : lancea. Ces deux mots reviennent très-souvent dans le cours de l'inventaire, et il n'est pas toujours facile de les distinguer l'un de l'autre.

riori sunt arma dupplicata ipsius Rev. D. Card¹¹⁸ et in posteriori versus ut supra. Ipsa [tabula] cum cameo ponderat lb. 1, unc. 2 1/2. Ipsa tabula cum cameo est valoris 45 ducatorum.

Item una alia tabula argentea deaurata, in qua sunt quatuor camei, et in medio est turchina : mulier usque ad pectus vestita cum cingulo, habens vestes suas in capite. In parte vero dextra desuper est puer nudus allatus sedens in terra, tenens manum sinistram sub maxilla. Inferius vero est triumphus : duo equi cum curru et juvenis super curru. In sinistra vero parte desuper est puer allatus nudus sedens super pannos tenens duos circulos in manu sinistra. Inferius vero sunt duo capita senis et mulieris posita quasi in quadam fenestra. In parte anteriori sunt arma ipsius Rev. D. Card¹¹ˢ et in posteriori sunt versus ut supra. Ipsa tabula cum cameis et turchina ipsa optima ponderat lb. 1, unc. 3. Ipsa tabula cum cameis et turchina est valoris 70 ducatorum.

Item una alia tabula argentea deaurata in qua sunt quinque camei. In medio triumphus : duo boves trahentes currum super quem est mulier vestita tenens facem in manu. In parte vero dextra desuper est caput mulieris laureate laurea crocei coloris, et modicum de manu ejus sinistra videtur. Inferius vero est caput viri habentis lauream in capite de edere (?), et ex aspectu videtur fatuus. In parte vero sinistra desuper est juvenis crinatus crinibus croceis obscuri coloris, seu caput. Inferius vero est caput juvenis laureati. In anteriori parte sunt arma ipsius D. Card¹¹ˢ et in posteriori sunt versus ut supra. Ipsa tabula cum cameis ponderat lb. 1, unc. 1/2. Ipsa tabula cum cameis est valoris 60 ducatorum.

Item una alia tabula argentea deaurata, in qua sunt quinque camei. In medio est caput Imperatoris, videlicet Anthonini Caracalla filii Severi Imperatoris, et est cum laurea crocei coloris. In parte vero dextra desuper est mulier equitans equum. Inferius vero est senex sedens super currum parvum quasi tubicinans et duo pueri nudi allati, unus ante, et alius post, ducunt eum. In parte vero sinistra desuper est triumphus fractus : duo equi et juvenis nudus cum flagello in dextra manu. Inferius vero sunt due mulieres nude sedenies super monstra marina, leones videlicet, a parte anterior habentes caudam piscis. In parte posteriori est puer parvulus nudus et allatus, habens arcum in manu, est inter ipsas mulieres. In parte anteriori sunt arma ipsius Rev. Domini Card¹¹ˢ, et in parte posteriori sunt versus ut super. Ipsa tabula cum cameis ponderat lb. 0, unc. 10 1/2. Ipsa tabula cum cameis est valoris 50 ducatorum.

Item una alia tabula argentea deaurata in qua sunt quinque camei. In medio est mulier jacens quasi nuda, et arbor est prope eam. In parte vero dextra desuper est caput juvenis. Inferius vero est caput senis, cum cornu in capute. In parte vero sinistra desuper est caput juvenis cooperturam capitis habens, in qua cellate sunt nonnulle stelle. Inferius vero aliud caput viri. In parte anteriori sunt arma ipsius Rev. D. Card¹¹ˢ et in parte posteriori sunt versus ut supra. Ipsa tabula cum cameis ponderat lb. 0, unc. 11 1/2. Ipsa tabula cum cameis est valoris 40 ducatorum.

Item una alia tabula argentea deaurata in qua sunt quinque camey. In medio est caput juvenis pulcrum. In dextra parte desuper est mulier sedens, prope quam est puerulus nudus allatus tenens manum sinistram super spatulas ipsius mulieris, et ante ipsam mulierem est alia mulier stans et loquens cum ea. Inferius vero est senex nudus allatus inclinans se super vase quodam, et est arbor prope eum. In sinistra vero parte desuper est mons parvulus, in circuitu cujus sunt quatuor pueri nudi allati, diversa facientes. Inferius vero est puer nudus allatus sedens in terra et tenens manum dextram sub maxilla. In parte anteriori sunt arma ipsius Rev. Domini Card[lis], et in posteriori parte sunt versus ut supra. Ipsa tabula cum cameis ponderat lb. 0, unc. 10 1/2. Ipsa tabula cum cameis est valoris 54 ducatorum.

Item una alia tabula argentea deaurata in qua est unicus cameus magnus : homo nudus stans et tenens pannos ad dorsum, habens in sinistra manu caput Meduse, quod caput reverberat in scuto quod jacet in terra prope columpnam, et ipse habet alas in pedibus et est Mercurius, habetque capillos crocei coloris. In parte anteriori sunt dupplicata arma ipsius Rev. D. Card[lis] et in parte posteriori sunt versus ut supra. Ipsa tabula cum cameo ponderat lb. 1, unc. 3/4. Ipsa tabula cum cameo est valoris 44 ducatorum.

Item una alia tabula argentea deaurata, in qua sunt quinque camei. In medio est caput mulieris habentis lauream de edere crocei coloris. In parte vero dextra desuper est mulier nuda, fracta usque ad ventrem. Inferius vero sunt duo pueri nudi allati, unus stat super alium ut possit capere racemum uve. In sinistra vero parte desuper est mulier quasi nuda, fracta, sine pedibus. Inferius vero est vir et mulier vestiti ambo. In parte anteriori sunt arma ipsius Rev. Domini Card[lis] et in parte posteriori sunt versus ut supra. Ipsa tabula cum cameis ponderat lb. 1. Ipsa tabula cum cameis est valoris 60 ducatorum.

Item una alia tabula argentea deaurata in qua sunt quinque camey. In medio est Hercules nudus, cum pelle leonis, habens clavam in manu, volens verberare mulierem quasi nudam et sedentem, et puer nudus trahens Herculem ne mulierem verberet. In parte vero dextra desuper est caput juvenis. Inferius vero est caput mulieris, in cujus capite et in pectore est plurimus ornatus. In parte vero sinistra desuper est caput viri, secundum opinionem peritorum Claudii Imperatoris. Inferius vero est caput juvenis cum ornatu in capite. In parte anteriori sunt arma ipsius Rev. Domini Card[lis], et in parte posteriori sunt versus ut supra. Ipsa tabula cum cameis ponderat lb. 0, unc. 9 1/2. Ipsa tabula cum cameis est valoris 44 ducatorum.

Item una alia tabula argentea deaurata, in qua est unicus cameus magnus, caput Herculis cum pelle leonis in capite. In anteriori parte sunt arma dupplicata ipsius Rev. Domini Card[lis], et in posteriori parte sunt versus ut supra. Ipsa tabula cum cameo ponderat lb. 1, unc. 2. Ipsa tabula cum cameo est valoris 34 ducatorum.

Item una alia tabula argentea deaurata, in qua sunt quinque camey. In medio est rex sedens super tronum, habens pannum ad spatulas, qui sustentatur in duabus columpnis, et duo viri in lateribus assistentes eidem regi et ipse rex tenet in manu dextra ceptrum. Creditur quod sit rex Salomon. In parte vero dextra desuper est caput senis. Inferius vero caput mulieris. In parte vero sinistra desuper est caput senis. Inferius vero caput mulieris. In anteriori parte sunt arma ipsius Rev. Domini Cardinalis et in parte posteriori sunt versus ut supra. Ipsa tabula cum cameis ponderat lb. 1, unc. 3. Ipsa tabula cum cameis est valoris 45 ducatorum.

Item una alia tabula argentea deaurata in qua sunt quinque camey. In medio est caput mulieris, in collo cujus et naso aliqualiter nigrescit. In parte vero dextra desuper est mulier seminuda, sine pedibus, habens in sinistra manu avem quam ostendit puero quem in manu dextra tenet, qui puer est sine corpore et pedibus. Inferius vero est puer equitans delphinum. In sinistra tenet frenum et in dextra flagellum. In sinistra vero parte desuper est puer nudus allatus equitans hyrcum diversi coloris. Inferius vero sunt duo pueri luctare volentes. In parte anteriori sunt arma ipsius Rev. Domini Card^{lis} et in parte posteriori sunt versus ut supra. Ipsa tabula cum cameis ponderat lb. 0, unc. 10. Ipsa tabula cum cameis est valoris 68 ducatorum.

Item una alia tabula argentea deaurata, in qua sunt quinque camey. In medio est mulier sedens seminuda, tenens nescio quid in manibus, et juvenis nudus rectus tenens in dextra manu gladium, trahensque mulierem per capillos, et in sinistra tenet scutum. In dextra vero parte desuper est senex habens barbam valde prolixam. Inferius vero est senex qui assimulatar Antonio Pio Imperatori. In sinistra vero parte desuper est caput mulieris que assimulatur Faustine Imperatrici. Inferius vero est caput mulieris habentis lauream de edere crocei coloris. In anteriori parte sunt arma ipsius Rev. Domini Card^{lis}, et in posteriori parte sunt versus ut supra. Ipsa tabula cum cameis ponderat lb. 1, unc. 3. Ipsa tabula cum cameis est valoris 52 ducatorum.

Item una alia tabula argentea deaurata, in qua sunt quinque camey. In medio est caput Herculis juvenculi crocei coloris, et habet ligaturam pellis leonis ad collum. In parte vero dextra desuper est puer nudus allatus, defferens cornu plenum. Inferius vero est cynus (cicnus) portans puerum nudum allatum, sub quibus est vas cum coopertorio suo : hoc est raptus Ganimedis. In sinistra vero parte desuper est puer nudus allatus habens baculum in manu. Inferius vero est puer equitans delphinum et dextera ejus tenet caudam ipsius delphini. In parte anteriori sunt arma ipsius D. Card^{lis} et in posteriori versus ut supra. Ipsa tabula cum cameis ponderat lb. 1, unc. 4. Ipsa tabula cum cameis est valoris 50 ducatorum.

Item una alia tabula argentea deaurata in qua est unicus cameus magnus, et est triumphus : duo equi trahentes currum super quem est juvenis. In parte anteriori sunt arma dupplicata ipsius Rev. Domini Cardinalis, et in parte posteriori sunt versus ut supra. Ipsa tabula cum cameo ponderat lb. 1, unc. 2. Ipsa tabula cum cameo est valoris 40 ducatorum.

Item una alia tabula argentea deaurata, in qua sunt quinque camei. In medio est caput senis barbati cum capillis prolixis, pulcrum. In dextra vero parte desuper est griffo cum allis crocei coloris. Inferius est bua (1) picta. In sinistra vero parte desuper est falconus (*sic*) super leporem commedens cerebrum ejus. Inferius vero est quoddam animal rubei coloris. In parte anteriori sunt arma ispsius Domini Card[lis]. In parte vero posteriori sunt versus ut supra. Ipsa tabula cum cameis ponderat lb. 0, unc. 10. Ipsa tabula cum cameis est valoris 42 ducatorum.

Item una alia tabula argentea deaurata, in qua sunt quinque camey. In medio est mulier nuda cum modicis panis ad coscias, pedes habet fractos, tenet in manu vas et illud vacuat et in quatuor lateribus sunt capita quatuor mulierum. In parte anteriori sunt arma ipsius Domini Card[lis]. In posteriori vero parte versus ut supra. Ipsa tabula cum cameis ponderat lb. 1. Ipsa tabula cum cameis est valoris 46 ducatorum (2).

Item una alia tabula argentea deaurata in qua sunt quinque sculpture diversorum lapidum. In medio est caput de prasmate, cum laurea ejusdem coloris, et est caput Vitelli Imperatoris. In dextra vero parte desuper est leo allatus in cameo habens faciem mulieris. Inferius vero sunt due coturnices celestris et rubei coloris. In sinistra vero parte desuper est leo de jaspide croceo. Inferius vero est leo de cameo jacens et dormiens. In parte anteriori sunt arma ipsius Domini Card[lis]. In posteriori sunt versus ut supra. Ipsa tabula cum cameis ponderat lb. 1, unc. 1/1. Ipsa tabula cum cameis est valoris 42 ducatorum.

Item una alia tabula argentea deaurata in qua sunt quinque camey. In medio est puer nudus allatus, jacens super delphinum. In dextra vero parte desuper est caput mulieris cum crinibus crocei coloris. Inferius vero est caput mulieris cum vello in capite, crocei coloris. In sinistra vero parte desuper est caput viri laureati laurea crocei coloris. Inferius vero est caput sine collo laureatum laurea alba. In parte anteriori sunt arma ipsius Domini Card[lis] et in posteriori versus ut supra. Ipsa tabula cum cameis ponderat lb. 1, unc. 6. Ipsa tabula cum cameis est valoris 55 ducatorum.

Item una alia tabula argentea deaurata in qua sunt quinque camey. In medio est caput senis seu satyri barbati, cum hedera in capite crocea. In dextra vero parte desuper puer nudus allatus, jacens super facem. Inferius vero est puer non integer allatus. In parte vero sinistra desuper est

---

(1) Mot d'une lecture douteuse. Peut-être « uva ».

(2) Ce paragraphe a été ajouté après coup et substitué à la description primitive qui a été effacée.

mulier nuda trahens capillos, seu lacerans ambabus manibus. Inferius vero est media mulier tangens mammam propriam nuda (*sic*), in pectore habens nescio quod animal prope eam. In parte anteriori sunt arma ipsius D. Card^{lis}. In parte vero posteriori versus ut supra. Ipsa tabula cum cameis ponderat lb. 1, unc. 1 1/2. Ipsa tabula cum cameis est valoris 55 ducatorum.

Item una alia tabula argentea deaurata in qua sunt quinque camey. In medio est cignus concubans cum Leda. In dextra vero parte desuper est caput mulieris, inter capillos habet allas. Inferius est caput Imperatoris, videlicet Neronis. In sinistra vero parte desuper est caput Imperatoris Octaviani provecte etatis, inferius vero est caput mulieris crinibus sparsis. In anteriori parte sunt arma ipsius Rev^{mi} D. Card^{lis}. In posteriori parte sunt versus ut supra. Ipsa tabula cum cameis ponderat lb. 1, unc. 5 3/4. Ipsa tabula cum cameis est valoris 60 ducatorum.

Item una alia tabula argentea deaurata in qua est cameus unicus magnus, caput Imperatoris...... (en blanc), laureati laurea crocei coloris. In anteriori parte sunt arma ipsius D. Card^{lis}. In posteriori parte sunt versus ut supra. Ipsa tabula cum cameo ponderat lb. 1, unc. 2. Ipsa tabula cum cameo est valoris 30 ducatorum.

Item una alia tabula argentea deaurata in qua sunt quinque camey. In medio est caput juvenis cum crinibus crocei coloris, et inter crines habet allas et serpentes pro crinibus, et est caput Alexandri Magni Macedonis. In dextra vero parte desuper est puer nudus allatus sustenstans se super facem. Inferius vero est puer nudus allatus tenens caput senis barbati in manibus. In sinistra vero parte desuper est puer nudus allatus pulsans in cythara. Inferius vero est puer alatus nudus elevans braccia. In anteriori parte sunt arma ipsius D. Card^{lis}. In posteriori sunt versus ut supra. Ipsa tabula cum cameis ponderat lb. 1. Ipsa tabula cum cameis est valoris 40 ducatorum.

Item una alia tabula argentea deaurata, in qua est unicus cameus magnus, vir et mulier sedentes super pellem leonis et amplexantes se, et est Hercules cum amasia sua. In parte anteriori sunt arma dupplicata. In parte posteriori sunt versus ut supra. Ipsa tabula cum cameo ponderat lb. 0, unc. 11 1/1. Ipsa tabula cum cameo est valoris 26 ducatorum.

Item una alia tabula argentea deaurata, in qua sunt quinque camei. In medio est caput mulieris habentis capillos multos crocei coloris. In dextra vero parte desuper est puer genu flectens et habens avem prope se rubei coloris. Inferius vero est canis jacens et dormiens, nigri et albi coloris. In sinistra vero parte desuper sunt duo galli parvi preliantes ad invicem. In anteriori parte sunt arma Card^{lis}, in superiori vero parte est cervia albi et crocei coloris, inferius vero est cervia albi et crocei coloris. In posteriori sunt versus ut supra. Ipsa tabula cum cameis ponderat lb. 1, unc. 5. Ipsa tabula cum cameis est valoris 42 ducatorum.

Item una alia tabula argentea deaurata in qua sunt quinque camey. In medio caput Imperatoris cum laurea crocei coloris, et est caput Constantini Imperatoris. In dextra vero parte desuper est juvenis nudus tenens inclinatus manu dextra pedem sinistrum, sinistra vero manu tymonem. Inferius est senex sedens et in cithara pulsans, habens vestem crocei coloris. In sinistra vero parte desuper est vir nudus, modicum barbatus, habens duo cornua seu pennas in capite, et in dextera tenens nescio quid. Inferius vero sunt due mulieres sedentes. In parte anteriori sunt arma ipsius Domini Card^lis. In posteriori sunt versus ut supra. Ipsa tabula cum cameis ponderat lb. 0, unc. 10 1/1. Ipsa tabula cum cameis est valoris 40 ducatorum.

Item una alia tabula argentea deaurata in qua sunt quinque camey. In medio sunt pueri quatuor pescantes nudi. In parte vero dextra desuper est caput mulieris habentis vellum in capite maculatum rubeo. Inferius vero sunt duo capita, unum albi coloris, et aliud crocey coloris. In sinistra vero parte desuper est caput juvenis et inferius est etiam caput alterius juvenis. In parte anteriori sunt arma ipsius Domini Card^lis, in posteriori sunt versus ut supra. Ipsa tabula cum cameis ponderat lb. 0, unc. 11. Ipsa tabula cum cameis est valoris 42 ducatorum.

Item una alia tabula argentea deaurata in qua sunt quinque camey. In medio est juvenis puer alatus usque ad pectus, cum ligatura capitis crocei coloris, optimum. In parte vero dextra desuper est manus trahens aurem et littere sunt grece in circuitu signifficantes : recordaberis. Inferius sunt littere grece. In sinistra vero parte desuper sunt littere iste (?) *felicit. augusta.* Inferius vero sunt littere grece. In parte anteriori sunt arma ipsius D. Card^lis. In posteriori sunt versus ut supra. Ipsa tabula cum cameis ponderat lb. 1, unc. 3. Ipsa tabula cum cameis est valoris 40 ducatorum.

Item una alia tabula argentea deaurata in qua sunt quinque camei. In medio est bos crocei coloris magnus. In dextra vero parte desuper est coturnix rubea alba. Inferius est bos parvus, crocei coloris, et bos parvus albus. In sinistra vero parte desuper est anitra rubei, celestris et crocei coloris. Inferius vero est cervia albi et celestris coloris. In anteriori parte sunt arma ipsius D. Card^lis, et in posteriori sunt versus ut supra. Ipsa tabula cum cameis ponderat lb. 1, unc. 1/2. Ipsa tabula cum cameis est valoris 36 ducatorum.

Item una alia tabula argentea deaurata in qua est unicus cameus magnus duorum capitum, unum est super aliud, illud quod est inferius est crocei coloris et videtur caput mulieris, et illud quod est superius est nigri coloris et videtur caput viri cum pelle leonis in capite et est caput Herculis cum sua amasia. In anteriori parte sunt arma dupplicata et in posteriori sunt versus ut supra. Ipsa tabula cum cameo ponderat lb. 1, unc. 5 1/1. Ipsa tabula cum cameo est valoris 42 ducatorum.

Item una alia tabula argentea deaurata in qua est cameus unicus magnus, et est equus magnus albus inclinans caput ad terram. In parte anteriori sunt arma ipsius D. Card^lis dupplicata, in posteriori sunt versus ut supra. Ipsa tabula cum cameo ponderat lb. 1, unc. 4. Ipsa tabula cum cameo est valoris 32 ducatorum.

Item una alia tabula argentea deaurata in qua sunt quinque camey. In medio est caput senis satiri, in dextra parte desuper est cignus portan puerum : raptus Ganimedis. Inferius est vacca cum filia parva. In parte sinistra desuper est sperverius habens sub pedibus coalliam. Inferius est coturnix parva rubei, albi et nigri coloris. In anteriori parte sunt arma ipsius D. Card^{lis}, in posteriori versus ut supra. Ipsa tabula cum cameis ponderat lb. 0, unc. 9. Ipsa tabula cum cameis est valoris 28 ducatorum.

Item una alia tabula argentea deaurata in qua est cameus unicus magnus in quo est mulier sedens seminuda, et puer nudus prope eam, et senex nudus firmans se super columpnam, et arbor est in medio eorum, et in anteriori parte sunt arma dupplicata ipsius Rev^{mi} Domini Card^{lis}, et in parte posteriori sunt versus ut supra. Ipsa tabula cum cameo ponderat lb. 1, unc. 4. Ipsa tabula cum cameo est valoris 46 ducatorum.

Item una alia tabula argentea deaurata in qua sunt quinque camei. In medio est cameus magnus, monstrum marinum, homo senex nudus usque ad ventrem habens caudam piscis, in manu dextra tenet temonem, et mulier nuda sedet super brachium ejus sinistrum, que mulier trahit capillos suos ambabus manibus, et ipse senex tenet cum manu sua sinistra pannum, et puer nudus allatus stans super caudam ipsius senis et tenens etiam eundem pannum in manibus, et puerulus parvus allatus natat prope ipsum senem. In parte vero dextra ipsius tabule desuper est caput imperatoris, videlicet Antoninus Caracala. Inferius vero est caput mulieris. In sinistra vero parte desuper est caput mulieris, secundum me Sabine imperatricis. Inferius vero est caput juvenis, habens capillos crocei coloris. In parte anteriori sunt arma ipsius Rev^{mi} Domini Card^{lis}, et in parte posteriori sunt versus ut supra. Ipsa tabula cum cameis ponderat lb. 1, unc. 6. Ipsa tabula cum cameis est valoris 80 ducatorum.

Item una tabula alia argentea deaurata in qua est cameus unicus magnus, videlicet caput mulieris album cum pectore, peroptimi operis, cum capillis prolixis, cum girlanda in capite de sardonio, in qua girlanda sunt appositi sex rubini parvi, et septimus est in pectore appositus. In spatula vero sinistra est de sardonio et valde modicum ad aurem et in anteriori parte sunt arma dupplicata ipsius Rev^{mi} Domini Card^{lis} et in parte posteriori sunt versus ut supra. Ipsa tabula cum cameo ponderat lb. 1, unc. 6. Ipsa tabula cum cameo est valoris 100 ducatorum.

Item una alia tabula argentea deaurata, in qua est cameus unicus magnus fractus per medium, in quo est currus super quem sunt vir et mulier seminudi et puerulus allatus ad rotas currus, et etiam super currum est arbor, et duo juvenes discalceati trahunt currum, et in medio est puer allatus tenens in manu sinistra quasi frena illorum, et in dextra habet fassem (sic) ardentem projiciens illam ad eos, et est Cupido, deus amoris, et est peroptimi operis. In parte anteriori sunt arma dupplicata ipsius Rev^{mi} Domini Card^{lis}, et in parte posteriori sunt versus ut supra. Ipsa tabula cum cameo ponderat lb. 1, unc. 5 1/3. Ipsa tabula una cum cameo est valoris 100 ducatorum.

Item una alia tabula argentea deaurata in qua est cameus unicus magnus cum pectore, in quo est caput hominis cum capillis sardonii et super caput ejus est rosa cum ligatura alba capitis quasi stola, et cum sardonio in pectore. In parte anteriori sunt arma dupplicata ipsius Rev^{mi} Domini Card^{lis} et in parte posteriori sunt versus ut supra. Ipsa tabula cum suo cameo ponderat lb. 1, unc. 4. Ipsa tabula cum cameo est valoris 60 ducatorum.

Item una alia tabula argentea deaurata in qua sunt quinque sculpture. In medio est cameus magnus, homo senex nudus stringens cum brachiis collum leonis et est Hercules. In duabus partibus superioribus sunt duo capita duorum puerorum in jacinto et in duabus partibus inferioribus sunt duo capita duorum puerorum in granata suryana. In anteriori parte sunt arma unica ipsius Rev^{mi} Domini Card^{lis} et in parte posteriori sunt versus ut supra. Ipsa tabula cum sculpturis ponderat lb. 1, unc. 1 1/2. Ipsa tabula cum sculpturis est valoris 60 ducatorum.

Item una alia tabula argentea deaurata in qua sunt quinque sculpture. In medio est caput Neronis peroptimi [operis] in cornyola, et in quatuor lateribus sunt quatuor camey quatuor capitum quatuor puerorum. In parte anteriori sunt arma unica ipsius Rev^{mi} Domini Card^{lis}, et in parte posteriori sunt versus ut supra. Ipsa tabula cum suis sculpturis est valoris 60 ducatorum.

Item una alia tabula argentea deaurata in qua est unicus cameus magnus in quo est homo senex nudus tenens in sinistra manu vas et in dextera clavam et pellem leonis ad spatulas, et ad pedes duos pueros parvulos, et est Hercules. In parte anteriori sunt arma dupplicata ipsius Rev^{mi} Domini Card^{lis}, et in posteriori parte sunt versus ut supra. Ipsa tabula cum cameo ponderat lb. 1, unc. 7 1/1. Ipsa tabula cum cameo est valori 64 ducatorum.

Item una alia tabula argentea deaurata in qua sunt quinque camey. In medio est cameus in quo est juvenis cum pectore nudo cum capillis riziis et aliqualiter prolixis. A parte vero dextra, tam supra quam infra, sunt capita rubea duorum senum cum barbis et capillis albis de cameo. A parte vero sinistra, tam supra quam infra, sunt capita duarum mulierum, etiam de cameo, caput superius habet pellem leonis et caput inferius habet capillos de sardonio nigro et croceo cum parva alla alba. In parte anteriori sunt arma unica ipsius Rev^{mi} Domini Card^{lis} et in parte posteriori sunt versus ut supra. Ipsa tabula cum suis cameis ponderat lb. 1, unc. 3. Ipsa tabula cum suis cameis est valoris 70 ducatorum.

Item una alia tabula argentea deaurata in qua sunt quinque camey. In medio est caput mulieris habentis faciem albam de cameo, capillos et pectus rubeos de corniola, et vellum in capite album de cameo, et est unus (?) lapis simul certe res mirabilis. In parte vero dextra desuper est mulier discalciata (sic), in manu sinistra tenens scutum, in dextra vero tenens vestes. In parte vero inferiori dextra est mulier habens brachium dextrum nudum et partem pectoris adherens cuidam columpne, et pulsans in quodam instrumento. In parte vero sinistra desuper est mulier vestita tenens juvenem nudum inter brachia. In parte vero inferiori sinistra est mulier nuda tenens pannum ad spatulas cum manibus, habens ancerem ad pedes suos. In parte anteriori sunt arma unica ipsius Rev^{mi} Domini Card^{lis} et in parte posteriori sunt versus ut supra. Ipsa tabula cum suis quinque cameis ponderat lb. 1, unc. 6. Ipsa tabula cum suis cameis est valoris 52 ducatorum.

Item una alia tabula argentea deaurata in qua sunt quinque camei. In medio est caput crocei coloris, caput Antonini Imperatoris, cum laurea. In parte vero dextra desuper sunt duo pueri allati nudi volentes frangere palr am unam, et propter hoc quasi contendentes. Inferius vero est puer allatus nudus sedens et pulsans in quodam instrumento. In parte vero sinistra desuper sunt tres pueri nudi allati ludentes ad invicem. Inferius vero est mulier sedens super quoddam animal tenens serpentem in manu dextra, et est fracta. In anteriori, parte sunt arma unica ipsius Rev^{mi} Domini Card^{lis}, et in posteriori parte sunt versus ut supra. Ipsa tabula cum cameis ponderat lib. 1, unc. 6. Ipsa tabula cum cameis est valoris 72 ducatorum.

Item una alia tabula argentea deaurata in qua sunt quinque camey. In medio est caput mulieris cum capillis prolixis et sparsis super spatulas cum girlanda de edere (sic) in capite croccy coloris. In parte vero dextra desuper est rusticus tenens baculum in manu dextra, et super spatulas mutonem. Inferius vero est vir nudus cum paucis pannis ad spatulas, habens quasi cor in manu dextra. In parte vero sinistra desuper est mulier nuda habens pannos ad spatulas corizans et tenens nescio quid in manu sinistra. Inferius vero est juvenis nudus tenens vas ambabus manibus ad bibendum. In parte anteriori sunt arma unica ipsius Rev^{mi}. Domini Card^{lis}, et in parte posteriori sunt versus ut supra. Ipsa tabula cum cameis ponderat lib 1, unc. 4 3/4. Ipsa tabula cum cameis est valoris 54 ducatorum.

Item una alia tabula argentea deaurata cum quinque cameis. In medio est cameus in quo est vir nudus sedens et tangens mammas mulieris fracte, et post spatulas viri est puer, et in quatuor partibus ipsius tabule sunt quatuor capita quatuor mulierum cum capillis sardonii crocei coloris. In parte anteriori sun arma unica ipsius Rev^{mi}. Domini Card^{lis} et in parte posteriori sunt versus ut supra. Ipsa tabula cum cameis ponderat lb. 1, unc. 1/1. Ipsa tabula cum cameis est valoris 52 ducatorum.

II

1471 30 novembre. Veduto quanto dimanda maestro Juliano de Scipio et examinato el suo conto diligentemente, et in prima domanda uno cammeo grande cum testa de donna cum lo pecto del qual ne domanda ducati LVIII, che tanti li ne volse dar Batistino Venitiano et miser Anello da Napoli li ne volse dare ducati LIIII, el quale cammeo dise esser ogi presso al Reverendissimo Cardinale de Mantua. Item adimanda uno calcedonio cum testa de Alexandro, el quale extima ducati 80, che tanti ne trovo da Jacobo Brancbaleone da Napoli el quale similiter dixe che al presente ha el dicto cardinale de Mantua. Item domanda uno cammeo grande cum una Faustina amantata, la quale lo extima ducati XXXV, et tanti li ne volse dare Scipio, et non li volse venderli, el qual cameo dixe esser stato ne le mane de Monsignore de Trivisio, et al presente esser nelle mane de Monsignore da Mantua a relatione de Domenico de Piero : Item domanda uno cameo grandicello cum testa de Tiberio et bello : Item uno cammeo cum testa et lettere greche in una praxina cum uno intaglio d'uno gallo et uno corno de abondantia : di quali tre camei adimanda ducati XXV, che tanto li costorono a lui, et halli paghati a Braxio Cifone da Tivoli per le mane de uno (1) judeo da Tivoli et lo cammeo de la testa de Tiberio dixe che la tene il sopradicto Monsignore de Mantua. Item domanda uno cammeo cum uno megio Christo et uno nichilo cum uno lione che jace, de quali domanda ducati quindesi. Item adomanda ducati cento per factura et lavoratura del cammeo che venne de Franzia per lo tempo de mesi cinque per (sans doute : lui) et per uno garsone alle spexe de papa Paulo che stettero rechiusi in palatio ad lavorare. Item domanda per lavoratura del zaphirio de la navicella per resto de ducati XLta che fo facto el pacto de quali ne hebbe ducati XX, resta altri ducati XX. Item per factura et lavoratura d'una corniola cum la testa de papa Paulo cum lo regno in testa et fo facto pacto ducati cento et la dicta corniola ha Domenico de Piero. Item domanda per manifactura d'alcune altre cose minute le quali extimano ducati XV ; che saria in tuto le sopradicte summe ducati quatro cento quaranta octo. Et da l'altra parte troviamo dicto Juliano haver ne le mane uno vaso non fornito azuro de lapislazari, dui peccii de diaspro, uno pezo de cammeo in petra non lavorato, uno cammeo rotto, li quali tuti s'estimano ducati LXXV. Pare a noi sia utile lassarli dicte petre per pretio et stima de ducati cento. Anchora el prefato Juliano de Sipio non volendosi pagarli li contrascripti cammei li quali lui ha dato a papa Paulo se li repigliarebbe de bonavoglia, zoe el calzedonio cum testa d'Alexandro, e lo cammeo cum testa de donna et pecto, el cameo de Faustina amantata, e lo cammeo cum testa de Tiberio, et nichilo ello cammeo rosso cum mezo Christo et nichilo cum lione, li quali tutti cammei quando seli rendessero si sballarebbe della summa che lui domanda in tuto ducati cento octanta octo, preterea siamo de parere noi miseri Antonio et misere Nic.(?) chierici de camera infrascripti che scomputandosi al prefato Juliano le due partite nel modo se dice de sopra che in sul pagamento de ducati CLX, che restarebbe haver el prefato Juliano fosse obligato a refare le lettere che sono in la navicella de zafirro che dicesseno Sixtus papa quar-

---

(1) Mot d'une lecture douteuse. Peut-être Meo.

tus et si(militer) si piacesse a Nostro Signore refacesse le lettere de la corniola del regno similiter nel nome de Sixtus papa quartus et cum dicta obligatione se li pagasseno per resto ducati CLX. Sin autem el sopradicto parere nostro non havesse luogo cum la restitutione de cammei et la excomputatione dele cose se trova in mane como de sopra se dice in la partita prima per fl. cento, dicemo che veduto et calcolato el concto et credito predicto de Julliano sopradicto el dicto Juliano creditore de ducati IIII. c. XLVIII. per attestatione de monsignore de San Marco, monsignore de Feltro, d. Piero Luxardo, Domenico de Piero, misser Progna et pur altri, etc., etc. — M. 1471-1477. ff. 76 v°, 77.

1471. 13 décembre. Juliano Scipii de Urbe creditori dicte camere ratione diversorum cameorum et aliorum ejusmodi signorum datorum et venditorum eidem domino Paulo (II),... florenos auri d. c 100 in deductionem majoris summe dicti sui crediti. — Ibid. fol. 6 v°.

1472. 18 janvier. Honorabili viro Juliano Scipii de Roma predicte camere usque ab eisdem temporibus (Pauli II) ratione cammeorum et aliarum hujusmodi rerum predicto domino Paulo datarum creditori... flor. auri d. c. 100 pro residuo et complemento ejusmodi sui crediti. — Ibid. fol. 17 v°.

1472 19 janvier. Veduto et diligentemente examinato quanto adimanda Gaspare de Tozoli : troviamo dicto Gaspare dever havere per uno cammeo et una corniola cum due teste et per metaglie (*sic*) d'argento et ramo date alla fe : re : de papa Paulo ducati de camera XII. como del valore d'esse ne ha facto fede Juliano de Sipio et Thomasini de Fresi da Roma. — Ib. fol. 82.

1472. 28 janvier. Gasparri Tozzoli de Urbe ejusdem camere (creditori) ratione certarum corniolarum ac cammeorum et ejusmodi aliarum rerum per ipsum datarum fe. re. domino Paulo pape II... florenos d. c. 12 pro totali solutione dicti ejus crediti. — Ibid. fol. 19.

III

In nomine domini amen. Istud est inventarium de omnibus rebus inventis in thesauro sedis apostolicæ, factum de mandato sanctissimi patris domini Bonifacii papæ octavi; sub anno domini miles° ducent° nonag° quinto; anno primo pontificatus ipsius.

Item unam crucem de arg. laboratam de opere fili, cum uno capite camei in medio et pluribus zaffirellis, granatellis, praxin. et VI perlis per brach. cum pede rotundo deaurato, q. videtur non fuisse suus; pond. VI m. (fol. 49).

Item unum annulum pontif. cum uno zaffiro ubi est facies sudarii sculpta, cum 4 granatis, 4 perlis gross., pond. 1 unc. et dimid. et 4 den. perven. (?) (fol. 62 v°.)

Item unum annulum pontif. cum uno cameo in medio in quo sunt multæ imagines albæ in campo nigro, circa quem est unus circulus de balascis... (fol. 65 v°.)

Item unum annulum pont. cum uno cameo in quo est una figura hominis jacentis et una stans ad caput et alia ad pedes ipsius cum una arbore in campo nigro, circa quem est unus circulus de smaragdis. (fol. 66).

Item unum annulum cum uno cameo magno in quo est media imago mulieris tenentis unum florem in cujus summitate est unum caput, pond. 2 unc. et 3 quart. et 1 den. proven.

Item unum annulum cum uno cameo in medio, in quo est unum caput cum barba protensa in campo nigro.

Item unum alium annulum cum uno cameo oblongo, in quo est unum caput, quasi album, cum una garlanda, in cujus circuitu sunt 6 smaragldi (fol. 66 v°).

Item unum annulum cum uno cameo nigro in quo est unum caput cum uno circulo ubi sunt IX smaragldi.

Item unum annulum pont. cum uno cameo parvo in medio, in quo est imago Virginis cum filio in campo nigro, circa quem est unus circulus de parvis smaragldis.

Item unum annulum parvum, cum uno parvo cameo nigro in quo est unus homo cum panno supra se, circulus cujus est de perlis. (Ibid.)

Item unum annulum amplum, cum una carniola azurina in qua est unus leo qui tenet unam bestiam sub se, pond. 1 unc., minus 1 den. (fol. 69.)

Item unum annulum cum uno lapide qui est ab uno capite quasi rubeus, in medio albus, et in pede quasi croceus, in quo est sculptus Hercules, pond. dim. unc. et 1 den. (fol. 70.)

Item decem annulos cum X cameis diversorum colorum et formarum cum diversis sculpturis, pond. 2 unc. et 1 quar. et dimid. et 1 den. (Ibid.)

Item unum annulum de argento cum uno nichilo inciso, pond. dim. quar. et 3 den. (fol. 70 v°).

Item unum dorsale pretiosum cum esmaltis ad imagines regis, ad cruces albas, cum lapidibus diversis et perlis per totum, et cum uno cameo in medio in quo est sculpta quædam facies. (fol. 194 v°.)

IV

IHC.MCCCCLVI. Qui apresso si scriverra per inventario tucte le cose che sono propie di me Piero di Cosimo de Medici, le quali mi truovo questo di XV di Settembre anno sopradecto.

Gioie et simile cose.

Uno chorno di unicorno leghato in oro.

Una choppa di cristallo col choperchio legbato in ariento.

Uno ghobelleclo di cristallo leghato in ariento.
Una chopa di porciellana leghata in oro.
Una choppa di diaspro leghata in oro con rubini et perle.
Uno vaso di diaspro leghato in ariento.
Uno bocchale di diaspro con coperchio leghato in ariento.
Uno bicchieri di diaspro con manichi e coperchio leghato in ariento.
Una tavolecta di pietra fine con reliquie leghata in ariento.
Medaglie 300 d'ariento.
Medaglie 53 d'oro.
Medaglie 37 d'ottone vantagiate.
Uno anello leghatovi un chammeo con una testa di Chamilla.
Uno anello leghatovi un chameo con una testa di Proserpina.
Uno anello leghatovi chammeo et corniuola con una testa d'un Fauno (1).
Una corniuola con fighure leghate in oro.
Una corniuola con fighure mezo pesce, leghato in oro.
Uno niccholo con una testa di Vespasiano leghato in oro.
Uno sardonio con una testa leghato in oro (2).
Una amatista con una testa di femina in cavo leghato in oro.
Uno chammeo con 2 fighure, leghato in oro.
Un chameo con 2 fighure in campo rosso leghato in oro.
Un chameo con 2 fighure in canpo rosso leghato in oro.
Un chammeo colla storia di Dedalo leghato in oro.
Uno chameo con una testa di relievo, leghato in oro.
Uno chameo con una... testa rilievata, leghato in oro.
Uno sigello con uno ametista leghato in ariento.
Una testa del duca di Melano leghato in ariento.
Uno chameo con due fighure, una grande et una (3) pichola leghato in oro.
Uno chalcedonio con una testa di tutto rilievo di Trajano, leghato in oro.
Uno chammeo con due fighure grande et due picchole leghato in oro.
Uno chollare di perle, etc., etc. (Suit la liste d'un certain nombre de bijoux et de pierres précieuses que rien ne permet de rattacher à l'antiquité.)

EUG. MÜNTZ.

---

(1) En marge de ces trois articles est écrit : di rilievo leghate in oro.
(2) En marge de ces quatre articles est écrit : in chavo tucte queste.
(3) Ces quatre articles ont été ajoutés après coup par la même main.

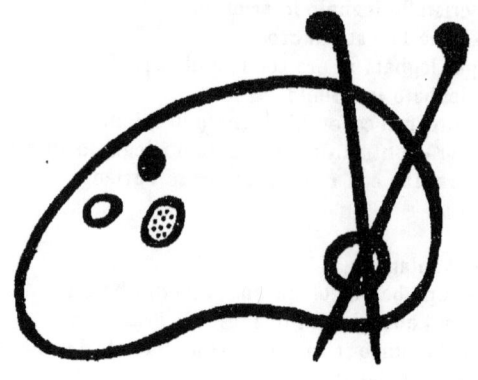

Original en couleur
NF Z 43-120-8

www.ingramcontent.com/pod-product-compliance
Lightning Source LLC
Chambersburg PA
CBHW051532240526
45471CB00019B/1320